© Amalia Espejo Aguilar (de la obra)
©Apuleyo Ediciones (de esta edición)
Primera edición en Apuleyo Ediciones: julio 2024
Diseño de cubierta: Sofía Corzo González
Corrección: Aitor Andreu Guerrero
Maquetación: Domingo Carrasco Martín
Ilustraciones: Jorge Atilio Lester Abál
Coordinación editorial: Isidoro Cidre González
info@apuleyoediciones.com
www.apuleyoediciones.com
ISBN: 978-84-10068-82-7
Depósito legal: H 599-2023

Hecho e impreso en España.

Amalia Espejo Aguilar
(1987) Puente Genil (Córdoba)

Veterinaria de profesión y escritora de cuentos infantiles educativos sobre el sector primario.

Mi afición por la lectura, así como mi pasión por mi profesión son las principales razones por las que me he lanzado a esta aventura.

La importancia de que los niños y niñas conozcan el origen de nuestros alimentos y el trabajo que desarrollan los profesionales del sector son los motivos que me hacen escribir cuentos infantiles de carácter informativo.

Espero que todos los niños y niñas aprendan y disfruten de la lectura de este cuento que he escrito con tanta ilusión.

DIBUJA UN JAMÓN

PARTES DEL JAMÓN

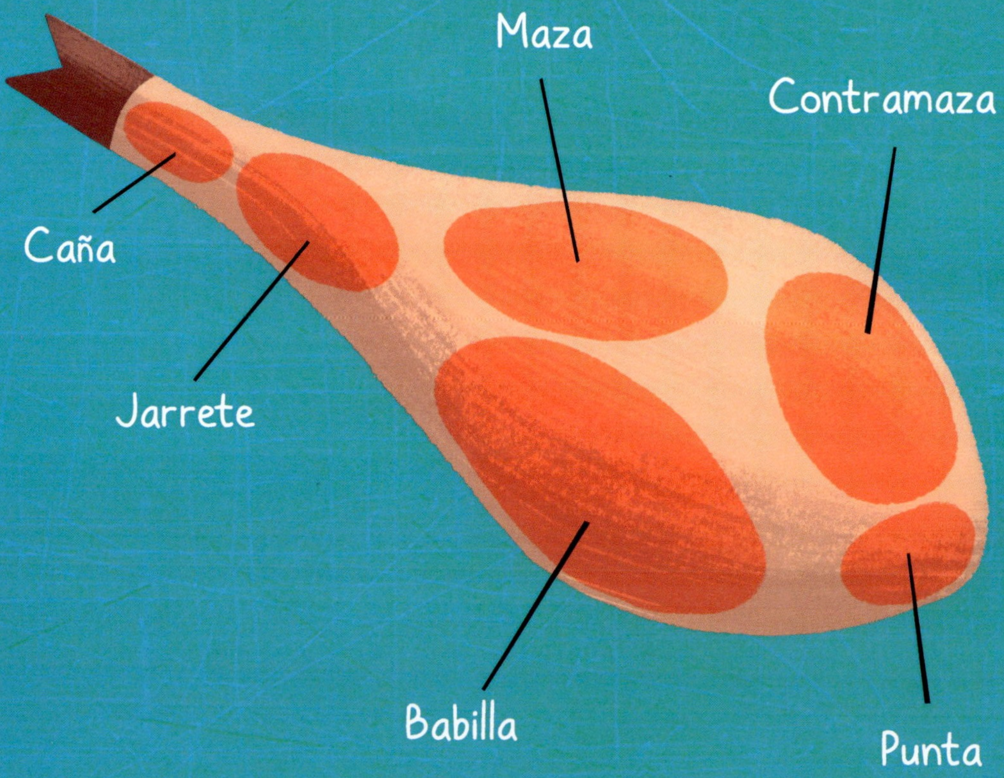

Maza

Contramaza

Caña

Jarrete

Babilla

Punta

Del cerdo obtenemos alimentos para los humanos y también para otros animales. Se obtienen medicamentos y cremas de cosmética.

Con su pelo, se fabrican peines.
De los huesos de los cerdos, se obtiene gelatina para fabricar utensilios.
¡Y muchas cosas más...!

—Es un animal omnívoro. Tiene cuatro patas.
De las patas delanteras se obtienen las
paletas y de las patas traseras los jamones.

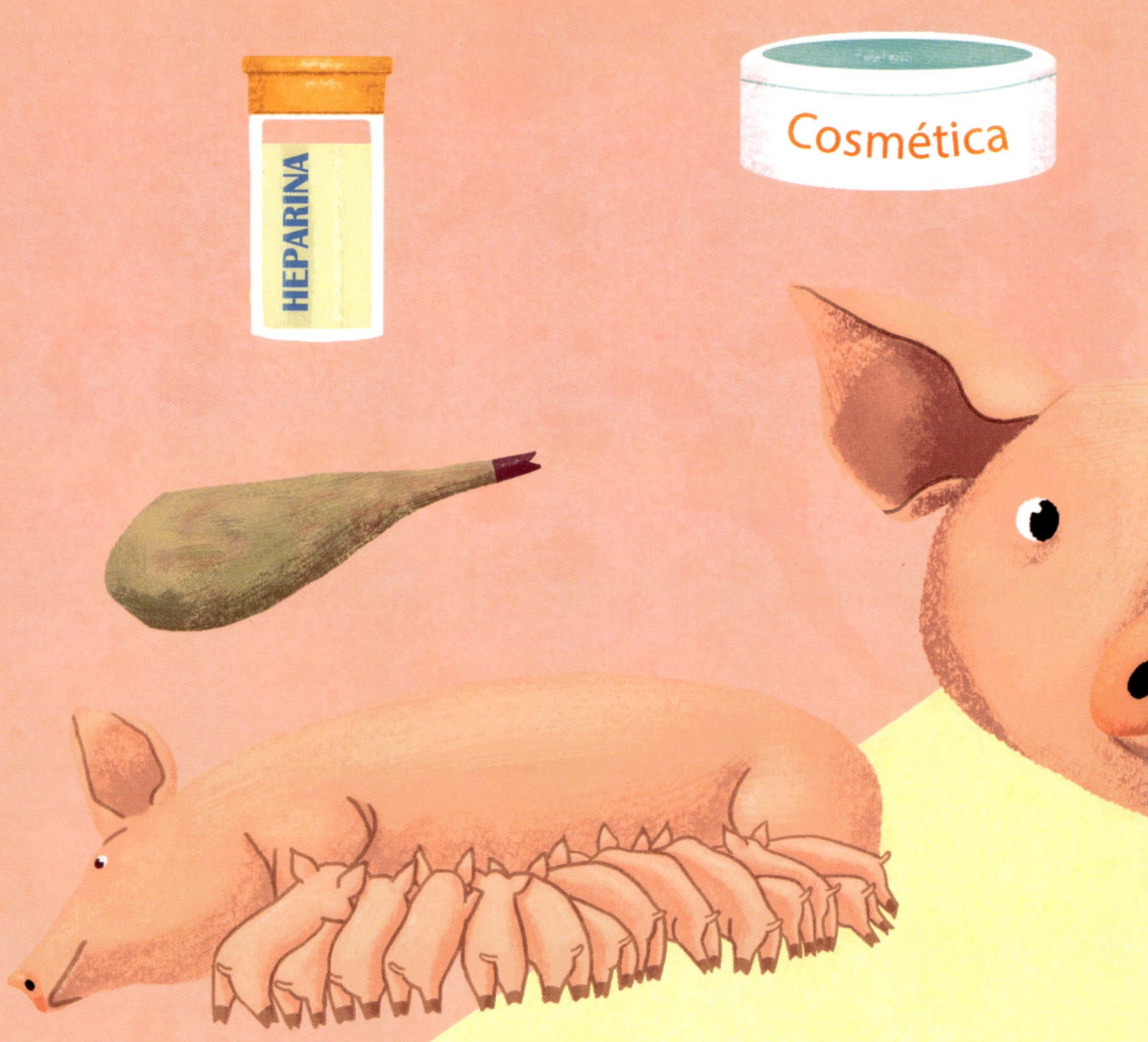

Su nariz se llama jeta. El cerdo pequeño se
llama lechón. Son animales muy inteligentes.
Pueden pesar más de 150 kg.

—Los ganaderos.

—Mamá, ¿qué es un ganadero?

—Los ganaderos son personas que trabajan en las granjas. Dan de comer y beber a los animales y los cuidan para que estén sanos.

—¡Queremos saber más cosas sobre el cerdo!

¿Quién produce tanta comida para alimentar a todo el planeta, mamá?

De las granjas obtenemos parte de los alimentos que comemos. Somos muchas personas y necesitamos mucha comida.

—En el mundo, hijos,
hay muchos tipos de granjas.

—El jamón es carne y procede del cerdo.
Hay cerdos que viven en las dehesas y comen
bellotas de las encinas. Hay otros cerdos
que viven en granjas y comen pienso.

—Mamá, y el jamón, ¿qué es?

Todos los alimentos son importantes y necesarios.

—Existe mucha variedad de alimentos —continúa su madre—. Para crecer y ponerse fuerte hay que comer un poquito de todo: carne, pescado, leche, verduras, frutas, legumbres y cereales.

—¡Cuántas personas!
Casi tantas como estrellas en el cielo.

—En el planeta Tierra hay
8.000.000.000 de personas
—explica su madre.

—Chicos, os voy a contar algo muy importante. El cerdo es un animal del que se obtiene mucha variedad de alimentos.

—No, chicuelos, el jamón
es la pata trasera del cerdo.

El jamón está buenísimo.

Es mi comida preferida del mundo mundial.

Yo quiero que haya siempre en la casa un jamón.

¿De dónde viene el jamón, mamá?

¡Que no, que viene de los restaurantes!

¿Pues de dónde va a ser? ¡Del supermercado!

—Nos portaremos bien, mamá,
pero vamos a comprar
otro jamón, por favor.

—¡Mamá, mira Gonzalo!
—¡Eso no se hace!
Ya no compro más jamón.

A los hermanos Ceballos les gusta cenar todos los días jamón. Pero esa noche el jamón se estaba terminando.

Este libro está dedicado a todos los amantes del jamón y a todas aquellas personas que con su dedicación y trabajo hacen posible que disfrutemos de este manjar único de nuestra cultura.

¡Queremos más jamón!

APULEYO EDICIONES   FOMENTO DE VALORES   CUENTOS ILUSTRADOS

Amalia Espejo Aguilar

APULEYO EDICIONES   FOMENTO DE VALORES   CUENTOS ILUSTRADOS